나의 詩

나의 시 詩

金泉 이승윤

성균관출판부

‘감정이 살아 있는 인문학’을 펴내며

바람을 타고 국화의 향음이 담장 넘어 인적 드문 곳까지 향하는 아름다운 계절인 가을처럼 사람과 사람 서로에게 행복이 이어지는 것, 그리고 인간문화 창조의 신비로움을 세상에 공유하는 것이 우리들의 소박한 소망이라고 믿습니다.

우리에게 자연은 흙으로 상징됩니다. 인간은 흙 없이 살 수 없는 존재입니다. 생존 과정에서 잠시 흙을 떠나기도 하고 흙과 등지고 살아가기도 하지만 결국 흙 없이 살아갈 수 없습니다.

하지만 인간의 생태계는 이를 무시하면서 서서히 변해가고 있으며 저만치 멀어져서야 이탈했음을 확인할 수 있습니다. 그러니 어쩌면 우리 인간의 가슴속에 묻어둔 감정들이 이탈되는 것은 고도화된 지금의 세상이 불러온 당연한 것인가 하는 생각에 아쉬운 마음으로 지켜보고 있을 뿐입니다.

어찌하든 우리의 순수 인간성은 보존 유지되어야 하고 또 지켜져야 하는 것이 기본이며 이를 위해 노력하는 것이 우리의 사명감이라 생각하지만 그럼에도 불구하고 여전히 인간성이 흩어지는 일들이 발생하는 것 또한 사실이지요.

그런 아쉬움에 용기를 내어 붓이 가는 대로 마음을 정리하면서 저에게서 사라지려는 일들과 모순된 일들을 적다 보니 몇 줄의 글들이 되었습니다. 이 글들을 모아 겸사겸사 얼굴을 뵙는 기회로 만들었습니다.

비록 앞뒤 형태가 맞지 않기도 하고 당시 그대로를 글로 기록하다 보니 이해가 부족한 부분도 있는 듯합니다. 그러나 그게 저의 현실이고 걸음마를 막 떼는 아기 같은 순수함이며 부끄러움과 함께 나타낸 저의 어리석음의 본질입니다.

드높은 창공 아래서 우리는 자랑스럽고 신명나는 세상을 이어가려고 합니다. 그러다 보면 다음 세대는 우주와 대화하는 창구가 기다릴 것입니다. 바로 여기에도 '인간애라는 감정이 살아 있는 인문학이 기본이다!'라고 느끼며 이를 준비하는 마음으로 발간에 맞춰 인사드립니다.

2022.11.

金泉 **이 승 윤**

차 례

드높은 하늘의 창공 아래서

우리는 무엇인들 자랑스럽고 신명나는

세상을 이어져가면서

다음 세대는 우주와 대화하는

창구가 기다리는데

여기에도 인간애의 감정이

즉 살아 있는 광장에

인문학이 기본이다.

웃음꽃 뿌리

나그네 망상
못 이룬 감상에서
붓으로 이어지며
숨결을 느끼며 눈물 한 섬
세상의 노래를 뼈가 부서질 때까지 불러라
가버린 세상은 보이지 않고
오는 세상은 나의 것이다

도리깨

주인님 너무하십니다. 주인님 너무하십니다.
조금만 참아 주시면 매끈한 알맹이로 세상에 나타날 것을
주인님은 왜 이렇게 두들겨 내팽개치시나요.
풍요의 가을 햇볕을 마음껏 즐기고 싶은데
이리 치고 저리 치고 돌려 치고 옆으로 치니 너무 무서워.
아직도 화가 났나요. 뒤집어 놓고 치고 모아서 치고
아파도 이제 그만 포기할 수밖에 없네요.
조금만 참아 준다면 매끈한 콩으로 탄생하여
맛있는 두부로 선보이며 단백질로 산화할 텐데
매정한 도리깨여. 몹쓸 도리깨여.

부녀의 정(붉게 타오르리라)

애절한 보고픔에 눈빛이라도 스칠까
소리 없이 부르건만 오늘도 목이 메네
아 야야 아 야야 속죄하는 이 가슴이 검게 타도록
하늘이여 땅이여 훨훨 불을 지펴라

이어지는 부녀의 정 끊을 수 없어
멀리서 가까이서 어두운 꿈속에라도
아 야야 아 야야 속죄하는 이 가슴이 검게 타도록
하늘이여 땅이여 훨훨 불을 지펴라

태종대에서

부딪치고 부서지는 아픔을 말로 할 수 있는가
어차피 만나야 하는 인연에 참아야만 하는가
바람 불어 부딪치고 서로서로 부딪치고 치고 치고
어두워서 부딪치고 화가 나서 부딪치고 치고 치고
이렇게라도 만날 수만 있다면 응 응 응 응
상처 난 아픔도 참아야 하는가 참아야만 하는가

하염없이 부딪치나 살고 싶어 부딪치나
갈기갈기 부딪치니 어지러워 부딪치고 치고 치고
이렇게라도 부딪쳐서 헤어질 수 있다면 응 응 응 응
상처 난 아픔도 참아야 하는가 참아야만 하는가

인생을 잘 살 수 있는 길

가끔은 울어야 한다. 그래야 마음의 평온을 찾을 수 있다.
그래도 99%는 웃음이다. 웃어야 복이 온다. 크게 깊게.

먼저 흥분하지 마라. 작은 인간이다.

본분을 지키며 행동하라. 넘치는 권위는 사람을 병들게 한다.

가슴속엔 늘 희망을 품고 머리까지 전하라.

자신을 너무 높이 생각하지 말라. 금방 떨어지기 쉽다.
낮은 곳은 떨어질 위험이 없다. 주위에서 나를 보고 있다.

누구나 행복을 원한다. 자신이 만드는 것이다.
그것은 사랑이다.
사랑으로 행복을 느끼고 이는 성취의 마음으로 이어진다.

모래성

흔적 없이 사라져 버린 나의 모래성
정성으로 두 손 모아 만든 나의 모래성
안타까운 나의 진심 몰라주는 모래성
밀려오는 물보라에 무너지면 다시 쌓아도
물거품으로 사라지는 나의 모래성
파도가 부셔 버리는 나의 모래성
나의 정성은 허무하게 무너지나
그래도 나는 또다시 모래성을 만든다

오대산

반도를 벗 삼아 대관령에 접어들었네
반겨주는 환대 속 신선한 공기와
마음을 앗아가는 절경과 향토의 먹거리는
내 감정을 사로잡네
알칼리 수질에서
지친 피로를 말끔히 풀어 주니
깊은 산중의 넋에게
세상살이는 이렇게 좋은가

이룰 수 있어라

보기 싫어도 볼 수밖에 없어라
듣기 싫어도 들을 수밖에 없어라
내일이 있어 참을 수밖에 없어라
언젠가 뜻을 이룰 수밖에 없어라

혼탁

세상 돌아가는 일들이 너무 답답하여
보고도 못 본 척 들어도 못 들은 척하니
가슴은 뜨겁고 화는 정수리에 도달한다
이러지도 저러지도 못할 바엔
성내어 목청이 터지도록 괴성이라도 지르자

해맞이

어제도 그랬듯
오늘도 동녘엔 해가 솟아오른다.
일 년 365일
맑은 날 흐린 날 비 내리고 바람 불어도
그 누가 말하지 아니해도
어김없이 동녘엔 해가 솟아오른다.
그런데도 사람들은
1월 1일 해맞이에 구름같이 모인다.
그들의 마음속 무엇인가 지워버리고
채우고 싶어 한다. 기쁨 사랑 슬픔도
오늘 이 시간만큼이라도
저 바닷속에서 솟아오르는 정열적인 태양과
함께하고 싶어 한다.

해묵은 것 다 버리고 새롭게 시작하자고 다짐한다.

그 누가 뭐라 해도

태양은 내일도 일 년 후에도 영원히 영원히

뜨고 지고 반복할 것이다. 오– 나의 태양이여!

그 이름

피리 불던 그 시절이 봄날인 줄 알았나
갈대꽃이 너울거린 오솔길이 봄날인가
그 소녀가 채워 주던 시계꽃 반지가
그립구나 그리워라 그 향기가 봄날인 걸
바람 따라 소리쳐도 채워지지 않는 것은
마음속에 담겨 있는 그 이름이 봄날이지

개나리가 반겨주니 봄날인 줄 알았나
키다리 옥수수와 강냉이가 봄날인가
그 소녀과 함께했던 소꿉장난이
세월 지나 그리워라 그 냄새가 봄날인 걸
메아리쳐 불러 봐도 채워지지 않는 것은
마음속에 담겨 있는 그 이름이 봄날이지

나물 캐던 그 시절이 봄날인 줄 알았나
황금물결 넘실거린 벼알들이 봄날인가
시를 쓰며 그이 그리던 그 내음에 젖어
빨간 볼이 타오르던 그 시간이 봄날인 걸
산과 들로 헤매 봐도 채워지지 않는 것은
세상인심 함께해도 채워지지 않는 것은
마음속에 담겨 있는 그 이름이 봄날이지

가을은 쓸쓸해요

가을은 쓸쓸해요 헤어지기 때문이죠
한잎 두잎 떨어지는 낙엽의 하소연을
들어 주고 들어 줘도 더 들을 수 없으니
내 마음이 낙엽처럼 같이하기 어려워요
언젠가는 이런 일이 나에게도 오겠지요
생각하면 쓸쓸해요 행복하게 살고파요

가을은 쓸쓸해요 헤어지기 때문이죠
바람 따라 흔들리고 흔들리는 하소연을
들어주고 싶지만 들을 수가 없으니
내 마음은 바람같이 함께하기 어려워요
세월 지나 언젠가는 나에게도 오겠지요
가을바람 속상해요 행복하게 살고파요
이루려고

꿈을 이루려고 하는 나에게 사연이 있었나요
내 마음은 부풀어 잡아놓고 싶었어요
그런데도 돌고 돌아 돌아서네요
발걸음이 무거워 힘들어만 가는데 시계바늘은 멈추네요
사나이로 태어나 머뭇거리면 갈 수 없는 벼랑길
아–아–아 미련 있는 사연들 태워버려라
나의 꿈을 이루기 위하여

세월을 잡아요

오고가는 세월을 잡을 수가 없네요
해가 지고 달이 뜨니 잡을 수가 없네요
손에 잡힌 구름도 잡을 수가 없네요
소슬바람 불어오니 잡을 수가 없네요
꽃피는 계절도 잡을 수가 없네요
웃는 얼굴 사라지니 잡을 수가 없네요
꾸러기 때 친구도 잡을 수가 없네요
세월 구름 꽃이 지니 잡을 수가 없네요
잡초 같은 내 마음을 잡을 수가 없네요
젖어 있는 가슴속을 잡을 수가 없네요.

이제는 세월을 잡을 수가 있네요
해와 달을 함께 보니 잡을 수가 있네요
돌아가는 구름도 잡을 수가 있네요
바람 자니 두 팔 벌려 잡을 수가 있네요
꽃이 피는 계절도 잡을 수가 있네요
웃는 얼굴 보여주니 잡을 수가 있네요
떠나가던 친구도 잡을 수가 있네요
세월 구름 꽃이 피니 잡을 수가 있네요
버려졌던 내 마음을 잡을 수가 있네요
사랑으로 채운 가슴속 잡을 수가 있네요

나의 일기 중에서

폭풍우가 휘몰아쳐도 가야할 곳은 가야만 하였다
눈이 내려 쌓여도 가야할 곳은 갈 수밖에 없는 나의 길이었다
내가 살아온 길이었다
그 길이 나의 인생 경험이고 살아남은 지혜이기에
나는 지금도 두려움이 없다

가야 할 곳

비가 내리고 있다
가야 할 곳이 있다
가야만 하였다
눈이 내린다
가야 할 곳이 있다
가야만 했다
갈 수밖에 없는 나의 길이었다
내 인생길이었다
내가 살아온 길이었다
그래서 나는 두려움이 없다

아름다운 세상을 위하여

기쁜 이름 기쁘게 풀리고 슬픈 이름 슬프게 풀린다고
귀띔해 준다.
시원스런 이름 시원하게 풀리고 가슴 아픈 이름
맘 아프게 살아간다 말하고
가벼운 이름 가볍게 풀리고 무거운 이름
무겁게 지낸다고 전언해 주고
원통한 이름 한스럽게 살아가고 즐거운 이름
즐기면서 살아간다고 한다.
넘치는 이름은 버리라 하고 부족한 이름은
채워 주어야 한다고 정리한다.
부모 형제의 먹구름을 지우는 이름이
최고의 이름이 아닌가 생각하니 더 좋은 게 있다.
남과 남이 하나 되는 부부라는 이름이
세상 최고의 이름이며 꽃 중의 꽃이로다, 부부 두 글자.

사람들은 모두 부자가 되고 싶어 한다. 그럴 때
부자 이름으로 불러 주면 부자 되는 것이다.

그러나 그렇게 되면 문제가 발생한다.
처음부터 부자 이름으로 부르고 생활하였다면 괜찮겠지만
살아가면서 부자가 되고 싶은 사람은 그를 위해
알아야 할 일들이 있다. 그 일들을 분석해 보자.

1) 우선 몸이 소비성향에서 저축성향으로 바뀌어야
하는데 그 과정에서 '아! 옛날이여'라는 노랫말이 자꾸
떠오르며 몸이 저축성향에 익숙해지기 어렵다.
2) 부자가 되고 싶거든 나눗셈을 잘해야 된다고 하면
말로는 잘 이해한 척 하는데 행동으로 이어지지 않으니
어설플 수밖에 없다.
3) 이웃이 잘 살아야 네가 잘 살 수 있다고 말하면
자신이 먼저 부자가 되고 나서 그 뒤에 이웃을
챙겨 주겠다 한다.
4) 상대방 마음을 움직여야 부자 된다 하면
지금 자기는 충분히 잘 해 주고 있단다.
이럴 때는 속으로 유행가에서 나오는 말을 흥얼거린다.

'할 말은 모두 이것뿐이야'라고.

이 세상 모든 사람들이 하나같이 좋은 이름으로
살아가기를 바라는 나의 작은 소망이 그분들에게 전해져
온 누리에 함께하였으면 하는 뜻에서 하는 말이다.
뿌린 대로 거둔다는 우주의 참뜻에 의해 가꾸어야
거두는 시기가 오는 세상 이치처럼 말이다.
솜털 같은 싹이 육중한 흙무더기를 밀어내고
세상의 빛을 보는 것처럼, 풀잎의 이슬 한 방울도
하나의 우주체를 형성하는 것처럼 오늘 너무 힘들고
억울하고 삶이 고달플 지라도 나와의 소소한 만남에서
내가 그분들을 행복의 지름길로 안내해 줄 수 있기를
간절히 바라는 마음일 뿐이다.
이것이 내가 세상을 바라보는 마음이다.
아직 내가 너무 작아 그분들의 마음을 움직일 수 없으니
아쉽다.
한 치의 머리로 세 치 네 치 다섯 치의 말이나 행동을
할 수 없고, 그래서 그들이 깨우치지 못하는 것은
내가 너무 부족하기 때문임을
다시 한 번 느낀다.

새벽에

창문 틈 사이로 아침잠을 깨운다.

풀잎을 생활터전으로 살아가는 귀뚜라미다.

왜 저리도 울어대는지

이른 새벽인데 더욱 요란스럽다.

나의 눈은 아직도 어두운 밤잠이 남아 있다.

감긴 눈 기억 속에서 조용히 옛말을 이어 본다.

이슬만 먹고 산다는 귀뚜라미.

오늘 새벽 가을 이슬이 많이 내려

기분이 좋아서 부르나 보다.

귀뚜라미 소프라노다.

먹을 것이 많아 기분이 좋아

흥겨워서 멋들어지게 부르는

그들만의 매머드 합창단인가 보다.

그래 실컷 불러라. 목청이 터지도록.

나의 맛있는 아침잠은 이미 깨져 버렸구나.

귀뚜라미야.

세파에서

누구나 태어날 땐
이 세상을 자기 것으로 생각한다.
그러나 세상을 살아가면서
세파에 시달리다 보면
나그네처럼 수행자처럼
발길 가는 대로
흙과 숲을 찾는다.

하늘 길

하늘에도 길이 있다
구름이 다니는 길
비행기가 다니는 길
새들이 다니는 길
바람이 다니는 길
사람이 다니는 길
그리고 영혼이 다니는 길

하늘만 할 수 있는 일도 있다
필요한 사람을 지구로 내려 보내는 일
불필요한 악마를 지구로 내려 보내는 일

특별한 일도 한다
불필요한 사람을 지구에서 데려가는 일
어떤 사람들이 불려 가는지 난 알 수가 없다
하늘만 알고 있는 일이기에

가려거든 오지 말지

긴긴 세월에 바라던 것 있다면 울 엄마아빠 행복 빌었고
긴긴 세월에 소망 있다면 울 아내 손잡고 풀피리 불으리
그러나 세월은 뜬구름 되어 자꾸자꾸 산을 넘는구나
내 마음대로라면 세월을 잡아 놓고서 말하리
세월아 뜬구름아 너와 나 친구하자 여기서 더 가지 마라
내 소원 들어 주고 그때 가거라 무지개 되어 가거라

긴긴 세월에 바라던 것 있다면 우리 아들딸 잘살기를 바랐고
긴긴 세월에 소망 있다면 울 아내 손잡고 이곳저곳 가고파라
그러나 세월은 뜬구름 되어 정처 없이 미련 없이 산을 넘는
구나

내 마음대로라면 세월을 잡아 놓고서 말하리

세월아 뜬구름아 너와 나 친구하자 여기서 더 가지 마라

내 소원 들어 주고 그때 가거라 바람과 같이 가거라

중앙박물관

낙엽이 뒹굴며 간다
몽당이 된 낙엽은 바람 따라 굴러가고
이제 갓 낙엽으로 이름한 나뭇잎은
앞서 가는 낙엽을 따라가기 버겁다.
바람은 이들의 뜻을 아는지 모르는지
뒤처진 낙엽은 친구 잃은 신세다
바람아 바람아 같이같이 가도록
속도조절할 수 없니

하동포구

살구꽃이 피기 전에 만나기로 약속했던 하동포구 뱃머리
보낸 이도 받는 이도 없는 그 사연이 울렁울렁거리네
고무신을 거꾸로 거꾸로 번져 버린 눈물인가 빗물인가
분홍 색깔 꽃망울로 멈춰 버린 너와 나의 살구꽃
스치는 강바람에 멈춰 버린 내 가슴은 어디로 가나

오늘을 살아가라

오늘도 해가 뜨지만 금세 진다.

그것을 알면서도 모른 체할 뿐이다.

나뭇잎이 바람에 불려 땅으로 떨어지듯 인간도 이와 같다.

잠시 머물다 사라져 버리는 운명은 만물에 적용되는 법칙이다.

그런데도 영원히 살 수 있는 것처럼 어떤 일은 피하고 어떤 일은 추구하는가?

언젠가 나뭇잎과 같이 당신도 눈을 감으리라.

한 인생의 삶이 다하면 하나의 우주가 사라지며 소멸되는 것이다.

살아생전 맺은 지식이며 부모 형제, 친구, 이웃 관계가 얼마나 중요한가.

그런데도 사소한 인연들 때문에 자기 소명을 소홀히 한 채 살다가 돌아갈 때는 뉘우친다.

열심히 살지 못한 자신의 삶을 말이다.

물은 흐르되 언제까지 차(滿) 있지 않고 타오르는 불꽃은 머지않아 꺼지고 태양은 뜨지만 금시(今時) 지며 세도가 하늘에 닿는 사람에게도 무상한 바람이 있다.

오늘을 지혜롭게 살아보자.

구름인생

구름 열리니 하늘 보이고
구름 닫으니 어둠이 짙고
인생 살아가는 것이
구름 같은가 하지만
구름 조상 찾아가면 뿌리가 없네

가을인가

노오란 나뭇잎이 바람에 날려
떨어지는 가로수길 낙엽으로 선보인다.

나는 이리저리 낙엽비를 피해
갸우뚱대며 걸어간다.

생명선 없어진 낙엽 색깔 너무 고우니
그 낙엽을 밟기란 애처롭게 느껴진다.

길을 가는 내 모습을 어떻게 말할까.
대낮부터 취했다 말할까.
제 몸 하나 다스리지 못하는 이가 지금도 있는가.

이런들 저런들 지금 이 순간은
곱디고운 오색단풍과 옛 이야기 하고 있단다.
단풍잎의 사연도 들어 보고
내 마음도 단풍잎에게 전해 주면서.

나의 인생(가칭)

세상사를 원망 마라 그 누구도 원망을 마라
그 때 그 길이 내 삶이었어 내 삶이었어
그 무엇이 내 가슴에 불을 지펴서 타고 타고 타 버렸지만
이제 와서 후회하고 미워해도 아무 소용 없더라
남김없이 사라져 버린 그 추억이 나를 나를 사랑하니까

인생사를 원망 마라 그 누구도 원망을 마라
그 때 그 길이 내 인생이었어 내 인생이었어
그 무엇이 내 가슴에 불을 지펴서 타고 타고 타 버렸지만
이제 와서 후회하고 미워해도 아무 소용 없더라
남김없이 사라져 버린 그 숯덩이가 나를 나를 사랑하니까

마음의 기로

내가 내가 살아온 세상
비굴하고 힘들다고 생각하지 말자
말하지도 말아라
지금 보면 어리석고 바보 같은 인생이었지
아무리 힘들어도 이겨내고 지켜 온 내 인생이
세월 속에 묻혀 가니 지금 이렇게 웃고 있잖니
세상 슬프고 힘겹다고 말한다면
이 순간의 기쁨이 무너지기 때문이야

내가 내가 살아온 세상
가슴 아파 미어져도 생각하지 말자
말하지도 말아라
지금 보면 어리석고 철부지 같은 인생이었어
그 시절은 다 그랬어 이겨내고 지켜 온 내 인생이
세월 속에 묻혀 가니 지금 이렇게 웃고 있잖니
세상 비약하고 통탄하며 말한다면
이 순간의 기쁨이 무너지기 때문이야

북장대(北將臺)

파도같이 밀려오는 왜적 무리들
두 눈에 불을 켜고 가까이서 멀리서
전후방을 감시했던 북장대
그날의 외침과 피비린내는 이제 멈추었는가
세월 속에서 바람에 날아갔는가
무심한 콘크리트 옹벽이 세월을 무상하게 만들고
선열의 정기를 잊어 가는 안타까움에
마음의 한탄이 머리끝을 세우네
지금도 들려 오네 선열들의 피끓는 함성이
백성들을 위해 조국을 위해 나라를 지키며
길이길이 후손들의 영위를 위함이라고
고요한 적적함이 영하의 강추위에도
이곳 북장대에서 정신을 가다듬네

꽃향기에

꽃향기에 젖어서 오늘밤 잠시 취해 버리네
그 향기가 그리울 때 그 꽃이 그리워지고
그 꽃이 그리울 때 그 향기가 그리워지네
그 향기 십수 년을 만날 수 없이 맴돌다 사라지고
꿈속 아니면 새벽녘이라도
잠시 지나가는 모습이라도
천사 같은 그 미소를 먼 걸음 긴 발자취에서
희미한 모습이라도 손꼽아 기다리네
내 마음은 갈기갈기 찢어지고
오늘도 어리석음으로만 이어지네

백암산에 왔노라

백암산에 왔노라
내가 왔노라
나 이승윤이 백암산에 왔노라
내 마음도 내 정신도 왔노라
백암산이여 백암산이여
내가 어이 당신을 찾아왔겠나이까?
내 삶의 기막힌 사연들을 이야기하고 싶어 왔소이다
백암산이여!
맑고 맑은 청정의 기운을 나에게 주시고
내가 세상에 해야 할 일들이 아직 남아 있다면
이제는 시련을 주지 마시고
건강하게 풀어갈 수 있도록 인도하소서
백암산이여 백암산이여

중앙선아 말해 다오

개나리가 피고 져도 중앙선은 무심하여라
마음 내켜 들어주었나 상처 받아 내 집 앞에
철-길을 놓았구나
가는 사람 말이 없고 보는 사람 기가 막혀
애처로운 이 마음을 흘러가는 저 구름에게
사연 사연 담아 보내면 중앙선아 말을 해 다오

개나리가 피고 져도 중앙선은 무심하여라
마음대로 들어주고 마음대로 내 집 앞에
철-길을 놓았구나.
가는 사람 말이 없고 보는 사람 눈물 쌓인다
말 못 하는 이 상처를 흘러가는 저 구름에게
사연 사연 담아 보내면 중앙선아 말을 해 다오

※독립운동가이며 초대국무령이신 석주 이상룡 선생 자택 앞에 일제가 중앙선 철길을 놓아서 무력으로 자택을 폐쇄시키는 만행을 저지른 현장에서 저자가 지은 시이다.

3·1절 100주년

기미년 3월 1일 정오
나라 빼앗겨 내 나라 찾겠다고 나라 주인이 만세항거
우리말 우리글 우리 땅에서 우리가 살겠다는
왜놈이 빼앗아 간 순진한 백성의 삶을 원위치로 되돌리겠다는
비폭력 만세운동이 마구잡이 총칼 앞에서
참혹하게 스러져 갔다.
어른에서 아이까지 억울한 분노의 메아리가
하늘을 붉게붉게 물들였네
아직도 그 울분의 끝은 사라질 줄 모르고
100년 곳곳에서 꿈틀거리네
부끄러움과 원통함이 메아리로 이어지나
우리의 미숙함은 아직도 끝이 보이질 않네

3.1
잊지 않겠습니다

머쓱

찾는다고 애원하여 50년 친구 찾았네
단숨에 알았지만 그 친구는 머쓱하네
잘못된 만남인가 이름 다시 불러 보니
기뻐하며 포옹하며 친구가 말하네
알아보지 못해 미안하다 사과하는데
시각장애자라는 50년간의 서러움
그리움 기다림이 한순간에 울려 퍼지네

조롱박

애기 주먹 아이 주먹 어른 주먹 대롱대롱
얼굴도 방긋 빙그레
터널을 이루며 울렁출렁거리네
이들은 지금이 청춘일세
가을 서리가 내리면
이들의 운명은 어디로 가려나

경포

파도가 파도를 부른다 얽히고설키고 갈라서고
친구도 적군도 모여라 의심도 복수도 버리자
네가 잘나 내가 잘나 우리 모두 잘 나가 루루루루루루
걱정과 눈물도 버려라 다 같이 버리자 루루루루루루
한 번 실수 없을소냐 루루루
버리면 알 수 있다 루루루
던져 버리면 알 수 있다 루루루
이제부터 시작이야 루루루
경포에서 시작이다 루루루

바람이 모래를 부른다 포개지고 부서지고 갈라서고
적군도 친구도 모여라 원망도 원한도 버려라
네가 잘나 내가 잘나 우리 모두 잘 나가 루루루루루
잘난 것도 못난 것도 버려라 다 같이 버리자 루루루루루
두 번 실수 없을 거다 루루루
날리면 알 수 있다 루루루
날리고 날리면 알 수 있다 루루루
이제부터 시작이야 루루루
경포에서 시작이다 루루루

위대한 삶

세상이 어지러울 때 자연 속으로 들어가는 것
오월의 봄 연둣빛 초록의 색깔로
나뭇잎들이 사람들에게 보여 주는 산허리를
아무 생각 없이 걷다 보면
세상의 불순물들이 씻겨 나가는 느낌에
머릿속까지 깨끗하고 평화롭고 싱싱해진다.
잠시라도 내가 나를 잊는 시간은 더없이 여유롭다.
재물은 바닷물과 같다.
마시면 마실수록 갈증이 심해진다.
고갈될 때에야 그걸 알 수 있다.
세상에 송곳 하나 꽂을 만한 땅도 없던 어느 한 성인(聖人)은
수천 년이 지난 지금도 그 명성이 사라지지 않는다.
때를 만나지 못한 성인들이여.
마음이 너무 깨끗하고 맑기만 해서인가.
세상을 사랑하고 자연을 사랑하고
사물을 사랑하며 살아가는 것,
그것이 곧 위대한 책무이니.

강릉이래요

경포의 남색 바다 유람선이 하늘과 하나 되고
가리는 것 하나 없이 시원시원하여라
반짝거리는 은빛 물결 위에 시 한 수를 보낼까
모래 위 사각거리는 자국을 지우고 그림을 그릴까
내가 누구일까 네가 누구일까 순간순간이 황홀해
스치는 바람에 내 마음이 하늘을 날고 있네

안목의 남색바다 갈매기가 하늘과 하나 되고
걸리는 것 하나 없이 시원시원 날아간다
파도끼리 부딪치는 파도 위에 시 한 수를 보낼까
밟으면 화선지 같은 모래 위에 이름을 써 볼까
내가 누구인가 네가 누구인가 감탄에 젖어
어느덧 어느덧 내 마음이 하늘에 비치네

강릉 바다

솔숲 솔숲 사이로 하늘이 솟아 있네
검푸른 지평선에 내 마음이 달려가네
송이야 송이야 너는 지금 어디 있나
나를 나를 불러놓고 보이지 않으니
은빛 파도 속으로 숨어들어 보이지 않나
눈부신 햇살에 비쳐서 보이지 않나
저 푸르른 하늘과 바다가 하나 되어
내 마음만 애태우네

포개 놓은 발자국 위에 하늘이 솟아 있네
푸르른 안목 지평선에 내 마음이 달려가네
송이야 송이야 넌 지금 어디 있나
나를 나를 불러놓고 보이질 않으니
황홀한 커피향에 취하여 보이지 않나
뱃길 파도에 푸르른 하늘과 바다가 하나 되어
내 마음만 애태우고 있네

구름이라면

지나가는 구름이라면 잡지를 말 걸 어차피 지나갈 건데
바람 부는 대로 가는 게 뜬구름 아니겠느냐
지나가는 구름이라면 오지나 말던지 나타나지나 말던지
이 내 마음 설레게 해 놓고 이럴 수가 있는가
지나가는 구름아 아–몹쓸 구름아
멀리멀리 사라져가는 그 변심이 야속해
구름 따라 정처 없이 해매이네

비켜가는 구름이라면 보지도 말 걸 어차피 보이지 않을 건데
바람 부는 대로 가는 게 나그네구름 아니겠느냐
무지개구름일지라도 오지나 말던지 가지나 말던지
이 내 마음 무겁게 해 놓고 이럴 수가 있는가
무지개구름아 이 몹쓸 구름아
높이높이 사라져가는 그 모습이 야속해
구름 따라 정처 없이 헤매이네

가을편지 쓰지 마오

편지를 쓰지 마오 종이편지 쓰지 마오
흰 종이에 갈색 글씨 머리만 어지럽고
흰 종이에 파란 글씨 내 마음만 파래진다

진실한 편지 주오
내 가슴 설레게 하고 내 마음 빼앗아가는
감성 깊은 속 편지 가을편지 모르시나
마음으로 쓰는 편지 마음으로 쓰는 편지

편지를 쓰지 마오 종이편지 쓰지 마오
흰 종이에 갈색 글씨 머리만 어지럽고
흰 종이에 빨강 글씨 내 마음만 불타오른다

진실한 편지 주오
내 가슴 달아오르게 하고 내 마음 가져갈 수 있는
백짓장 속 편지 가을편지 모르시나
영혼으로 쓰는 편지 영혼으로 쓰는 편지

국립묘지에서

대한민국 태극기 보금자리에서
젊은 피가 피지도 못하고 꺾이셨네.
내 나라 지키겠다는 순수한 마음은
모진 혈투로 스러지셨네.
우리나라 대한민국을 사랑한다 외치며
총칼 앞에서 붉은 애국의 피를 토하셨지만
아직도 돌아오시지 못한 선열이 계신다네.
어디에 계신 줄 몰라 찾아 모시지 못한 이 안타까움
그 영혼이 안착을 못하시고 방황하실 이 아픔 쓰라림에
통곡하는 우리들을 원망하소서.
살을 에는 추위와 삼복더위의 고지에서도
물 한 모금 없는 목마름과 배고픔의 고통 속에도
그렇게 그렇게 버텨 주셨기에 남아 있는 우리는
지금 고개 숙이며 경모(敬慕)하는 마음으로 우러르나이다.

풀벌레

가을밤에 흠뻑 젖었다.

달빛 비추는 컨테이너 농막.

나를 깨우는 귀뚜라미 풀벌레 소리.

익어 가는 매운 고추 냄새가 새벽 공기에 양념을 더한다.

그래도 나의 눈을 위로하는 은하수 두 줄기.

아직 잠의 빈자리가 몸에 남아 있는데

나의 눈은 벽 쪽 시계바늘 3시에 멈춘다.

방향을 바꾸어 고구마 들깨 향으로 가려 하는데

울어 대는 풀벌레 소리의 정체는 합창단.

오케스트라가 협주곡으로 맹렬히 연주한다.

울어 대는 그들의 목청은

사람들의 눈에는 보이지도 않던데

건전지를 장착했나.

이 새벽에 풀벌레들은 더욱 신이 난다.

나라는 관객 앞에서.

바람 따라서

구름은 바람 따라 흘러가지만
나는 구름 같이 바람을 따를 수가 없구나
지금 부는 바람은 산을 넘어가기 때문에
나는 바람과 동행할 수가 없구나

기러기편대

낮에도 날아가고 밤에도 날아가고
삼각대로 짝지어 대열을 유지하는 기러기편대.
선두주자와 후발대가 임무 교대하는 걸 보면
기러기의 세상살이가 진짜 평등사회다.
힘든 일도 권력도 주고받는 임무 교대는
세상에서 제일 멋진 평등세상이다.
부유함도 가난함도 기러기에게는 아무 소용없어라.
그들은 서로서로가 동지이니 세계평화 공존지대이다.

하늘노릇

하늘도 하늘노릇하기 얼마나 어려울까?
농부는 비가 내리지 않으면 하늘을 쳐다보고
과수원도 해가 보이지 않으면 하늘을 쳐다본다.
해수욕장도 비 내리고 태풍 불면 하늘을 쳐다본다.
겨울 스키장은 영하 날씨 아니면 하늘을 쳐다본다.
하물며 사람들도 일이 안 풀리면 하늘을 원망한다.
지구가 둥글어서 둥글둥글 잘 돌아갈 것 같은데
다양한 이들의 요구를 들어주려면 얼마나 힘들까.
그래서 하늘도 힘들 것 같다.

산사 음악회

옛날에 호랑이가 나타나던 산중 절간에서
사람들이 흔들거리며 흥얼대는 가락에 숨소리도 춤춘다.
깊은 산속 풍경소리만 바람에 울려
절간의 고요함을 세상에 알렸건만
살다 보니 절간에서 장단에 맞춰 풍악이 울리고
밀고 당기고 울고 웃고 세상 살아가는 사람 모습에 취해서
조계종 최고 어른까지 자리를 뜰 줄 모르네.
부처님도 덩실덩실 어깨춤 추셨으리라.

갈 수 없는 길

길은 길인데 더 이상 갈 수 없는 길 망향의 길
길은 길인데 더 이상 갈 수 없는 길 DMZ 군사분계선
길은 길인데 더 이상 갈 수 없는 길 도라산 녹슨 철길
길은 길인데 더 이상 갈 수 없는 길 평화의 집 신작로
길은 길인데 더 이상 갈 수 없는 길 우리는 언제 갈 수 있는가?

금강산

아득히 보이는 금강산 대충 보고 돌아서려는데
따사로운 7월 햇볕이 왜 그냥 가냐 하네
마음은 1만2천봉인데 내 몸을 어찌 하랴!
하늘의 뜻으로 알고 다음에 또 불러 주시오.

달려가라고

구름이 달려간다고 하늘도 달려가는가
바람 따라 달려가는 구름이듯이
세상은 바람 따라 달려가라 요구하지만
나는 세상의 요구는 바람에 맡기고
꿀잠 자는 세상을 깨워 보리라.

무량수전

가고파 예고 없이 찾아간 부석사 무량수전
비 내리는 초가을 손님일까 유생일까
구름인가 안개인가 부옇게 앞을 가리니
선조들의 열정과 갈고닦은 혼백을 마주하고 싶었는데
어이하여 오늘은 보여 주시질 않으니
마음가짐을 더더욱 청순하게 할 지어다
주문으로 위로하며 발길을 돌리네

민둥산 아우라지

긴 장대를 산허리에 걸치고 이불 빨래하던 민둥산 아우라지
쌀 한 톨 구하려고 하루 종일 걷던 민둥산 아우라지
등에 진 지게 다리에 넘어져 삼년 고개 넘고 넘는 민둥산 아우라지
한 집 지나 산모퉁이 돌고 두 집 지나 개울 지나는 민둥산 아우라지
사랑이 그리워 아나리 아나리 하염없이 불러 본 민둥산 아우라지
고향을 지켜온 이웃들은 작금의 현실이 너무 신기한 민둥산 아우라지
주식이던 산나물이 특산물로 변하여 웃고 살아가는 민둥산 아우라지
최고의 힐링 센터라고 사람들이 찾아오는 민둥산 아우라지
이렇게 저렇게 우리들은 민둥산의 아우라지 아나리 아나리 아우라지

인생의 꽃길에서

사랑이 싹틀 때면 슬픈 울음 사라지고
행복이 싹트면 웃음꽃이 피어 오른다
인생이란 종이 한 장 차이라지만
마음 따라 선택 따라 달라진단다
세상의 인생길에서 너와 나의 인생길에서
멋지고 아름답고 향기로운 꽃길을 당신 먼저 선택하소서

사랑이 싹틀 때면 어둠 속 외로움이 없어지고
행복이 싹트면 우리 모두 어깨동무 이웃이란다
인생이란 종이 한 장 차이라지만
마음 따라 선택 따라 달라진단다
세상의 인생길에서 너와 나의 인생길에서
멋지고 아름답고 향기로운 꽃길을 당신 먼저 선택하소서

인연 따라 사연 있더라

밀어 주고 끌어 주며 사랑했는데 사람마다 사연 있더라
그렇게 그렇게도 사랑했는데 사람마다 사연 있더라
어설프게 어설프게도 사랑했는데 사람마다 사연 있더라
보고파 보고파하며 기도했는데 사람마다 사연 있더라
세상사 그 무엇도 인연이란 이름을 간직한 채
인연 따라 사연으로 이어지더라.
어떤 이는 인연과 사연이란 걸 알지 못한 채 허송세월하더라
이런들 저런들 자기의 인연은 자기가 살아가더라

잊어지겠지

나도 내가 잊어지겠지
세월이 흘러가면
너도 내가 잊어지겠지
세월이 흘러가면
소리 없이 아무도 몰래 열정으로 살아갈 때
세상 사람들의 입에서 오르내리지 않을 때
잊히기 가장 아름다운 순간이라고 그때가

잔잔한 호수

얼마나 더 혼란스러워야
잔잔한 호수의 물결처럼
고요해질까?

생각

너는 너의 생각을 내 마음에
접목시키려 하나
너의 사랑도 내 사랑에
접목시키려 하네
상대방의 생각은 느낌이 없는데
상대방의 사랑도 느낌이 없는데
그래서 지구가 남극 북극으로 구분되는가

죽음

눈길 푸른 산을 바라보면서
어둠 속 끝이 보이지 않는 바다
먼 끝 가물거리는 지평선에서
나는 평소 평안한 죽음을 사랑하였다.
노랫말에서도 어쩌면 다정으로 기울어져 가는 듯하다.
인간이 가장 평화로운 죽음을 선택한다면
그건 행복이라고 생각했다.
얼음장 아래서도 물이 흐르고
눈 덮인 산속에서도 새싹이 돋아나듯
생명이 있을 때 가장 아름답고 신기하지만
마지막에 끝내 내려놓는 것은 더한 아름다움이다.

화마의 어린 형제

밤잠을 이루지 못했네
차마 글로 남기려니
내 자신이 부끄럽고
어리석음으로 남아 있네
8세 10세 어린 두 형제가
배고파 라면에 가스 불 켜다 화재를 당했네
당황한 어린 소년은 119를 불렀지만
위치 파악이 안돼
불길 속에서-
응급실에서 생사를 알 수 없다네
이는 누구 때문인가
이 세상은 누구 때문인가
어른의 잘못이 걷잡을 수 없는 죄악으로 남네

내 길을 걸었다

알아주는 사람 없어도 나는 내 길을 걸었다
나의 길을 걸었다
산을 넘고 강을 건너면 가시밭길이 앞을 막았다
앞에는 절벽 뒤돌아보면 낭떠러지
아 아 아 아 어떻게 살아 어쩌면 좋아
차라리 오솔길이었다면 추억으로 남을 건데
바람이 불어 주는 구름 사이로 하늘을 보았다
하늘만 보고 살았다.

믿어 주는 사람 없어도 나는 내 길을 걸었다
나의 길을 걸었다
비 맞으며 걷고 밤길을 걸어가니 컴컴한 암흑 세상
앞에는 절벽 뒤돌아보면 낭떠러지
아 아 아 아 어떻게 살아 어쩌면 좋아
차라리 오솔길이었다면 추억으로 남을 건데
바람이 불어 주는 구름 사이로 태양을 보았다
태양만 보고 살았다

2020년 공유

2세상 모든 사람들이 아름다운 마음을 0유했으면 좋겠네.

2세상 모두가 전쟁 없는 평화로운 사회를 0유했으면 좋겠네.

2세상 모두가 미세먼지 없는 친환경을 0유했으면 좋겠네.

2세상 모두가 기아에서 벗어나 부유함을 0유했으면 좋겠네.

2세상 모든 생명체들에게 기쁨을 0유했으면 좋겠네.

봄비

노오란 움싹이
흙더미를 살포시 밀어내고
나와 눈이 마주친다.
그래 많이 힘들었지?
마음 인사를 나는 그렇게 하였다.

대한민국은 지금
코로나19 위기에서 벗어나 살아남기 위해
온 국민이 생존의 의지로
개인 간 거리두기 운동까지 하고 있단다.

그렇지만 너와 나는 눈빛으로 마음으로
가까이 더 가까이
너의 태어남을 축하하고 정을 주고받으니
이것이 행복이라고 너에게 나에게 스스로 말한다.

하늘이여 또 하늘이여!
이 땅 위에 봄비 내려 새 생명에게 기운을 주듯
대한민국 이 강산 온 백성에게도
코로나19에서 탈출하는 축원의 봄비를 내려주소서.

마루에 누워

점심 뒤 잠깐 마루에 누웠다
이름 모를 새들이 귓전에 지저귄다
쪼르르르 쪼르르르 쪼르르르르
반복해서 우는 저 새들은
몸집도 부리도 다른 새들보다 발달된 것 같다

곧바로 다른 새가 뭐라고 한다
찌찌찌 지찌 찌찌 찌 짧고 소침하다

저 새들은 나를 보고 안녕이라 인사하는 걸까
그네들끼리 반갑다고 서로 인사하는 걸까
걔네들끼리 서로 인사 먼저 하고
그 다음 저 사람은 누굴까 그랬으면 좋겠다
난 저 새들의 지저귀는 소리를 기쁘게 경청하니까

꽃밭

난 알아요 당신이 모른 척한 것을
난 몰라요 당신이 날 사랑하지 않는 걸
그래서 지금은 알쏭달쏭하네요
난 지금도 내 마음이 왜 이런지 몰라요

난 알아요 당신이 날 미워하지 않는 걸
난 알아요 당신이 날 사랑하는 걸
그래서 지금은 알쏭달쏭하지 않네요
이제야 알았어요 당신에게 물을 주지 않은 걸

인향(人香)

내려오는 길이 쉬웠나요 힘들었나요
내려오는 길이 가벼웠나요 무거웠나요
내려오는 길이 꽃밭이었나요 가시밭길이었나요
그럼 내려오는 길에 박수 받았나요 냉담했나요

화향은 백리를 가지만
인향은 만리를 간다네요

뜬구름

구름길을 가지 마라 구름길을 가지 마라
그 길에는 땅도 없고 나무도 없다는데
왜 그 길을 가려 하나
살아온 반평생 남의 인생길로 대신하고서
험준한 길을 가려 하니 버려진 능소화가 기도하노라
이제라도 여기서 너의 길을 걸어가거라
굳이 굳이 가고 싶거든 미운 정 고운 정 다 버리고 가거라
그래도 가고 싶거든 무지개길 타고 가거라

구름길을 가지 마라 구름길을 가지 마라
그 길에는 부모 형제도 친구도 없다는데
왜 그 길을 가려고 하나
살아온 반평생 남의 인생길로 대신하고서
무심하게 가려 하니 버려진 능소화가 기도하노라
이제라도 여기서 너의 길을 걸어가거라
굳이 굳이 가고 싶거든 사랑도 울분도 다 버리고 가거라
그래도 가고 싶거든 무지개길 타고 가거라.

영원하길 바라네

사람들은 영원한 부귀영화를 바라네

사람들은 모든 것이 영원하길 바라네

사람들은 지금 생각이 헛된 줄 모르네

사람들은 지금 생각이 나락으로 떨어질 줄 모르네

비업무용 땅

부동산으로 돈 버는 세상
금싸라기 땅에 붙여진 수식어
비업무용 땅이라네

매도하라는 강압에 매도하는 척 하였고
매수하고 싶어도 매수 못 하였네

이러지도 저러지도 못하고 세월이 흘러
이번엔 진정으로 매도하고 싶은데
매수자도 줄을 서지만
엉뚱한 곳에서 빗장을 치네

오 하늘이여

오 하늘이여
세상을 맑게 정화시켜 주고
아름다움으로 살아갈 수 있게 하는
사람들을 찾아가고 싶다.
그런 사람
등불을 들고 찾아보고 싶다.
찾아도 찾지 못한다면 슬플 것이다.

70년 6.25전쟁

70년이 지났다 6.25
살아남은 전우는 휴전을 알았고
휴전을 모르는 전우는 국립묘지에
휴전도 국립묘지도 모르는 전우는 어디에
민족사 전쟁은 아직도 끝나지 않았고
동족의 비극은 이어져 가는데
우리는 아직도 모르는가
왜 전쟁이 발발하였고 왜 휴전상태인지
내부가 하나 되지 못하였기 때문이라고
왜 자발적으로 말하지 못하는가
그래서 휴전 상태라고

가려 한다

가려 한다 가려 한다 내가 가려 한다.
천리 길 만리 길 우주의 길로 내가 가려 한다.
간직한 것 마음에 둔 것 모두 다 내려놓고
마지막 한숨까지도 살며시 눈 감으며
눈 감은 그대로 행복한 미소 지으며

변화의 속성

슬피 울고 있는 이가 있다.
나라 잃고 죽는 것이 슬프지 무엇이 슬픈가?
라고 말하였다.

그렇게 말하고 말하였지만
남을 섬기는 사람은 보이지 않고
섬김을 받고자 하는 이만 보이니
내 탓이로세.

섬김을 받는 것도 유쾌하지만
이웃을 섬기는 것은 더더욱 즐거운 삶이어라.

비가 오려나

코로 숨쉬고 입으로 말한다.
다시 코로 냄새 맡고
입으로 냄새를 말한다.
코에 냄새가 전달되면 몸은 따라간다.
그 사이 벌레들의 움직임이 미세하게 달라진다.
비가 오려나 내일쯤.

뻘

뻘 속에 빠진 이가 있다
뻘 속 세상을 모르고
서서히 빠져들어 가고 있다.
이미 몸의 균형은 뻘 쪽으로 기울어 간다.
그이의 눈빛은 생사에 초점이 모아진다.
그는 두려움과 공포를 느낀다.

나는 그를 돕고 싶다.
내가 그 경험의 뻘에서 빠져 나왔으니
그 방법을 가르쳐 주고 싶다.
나의 남은 삶이 그 길이다.

7번 국도

넘고 넘어온 신작로길 너와 나의 옛길
숨이 차도 넘고 넘어 추억에 싸인 길
올림픽길 마라톤길 태평양이 보이는 길
낙동강에서 두만강까지 멋지고 신명나게
달리고 달려가는 7번 국도 젊음의 길
잠시 쉬어가려 했는데 펑크가 났나

코로나19

처음에 우리는 비켜갈 줄 알았네
당황하다 접하고 보니 올 것이 왔네
빠져 나오는 방법은 이미 알고 있지만
오천만 명 동요하지 않고 모두모두 협력하지만
사람 아닌 벌레 같은 악인들이 있어
반년이 지나도 끝이 보이지 않네
죽는 것보다 사는 게 좋은데 왜들 몰라 주는가

돈

돈이 없으니 빽도 없어 관리할 게 없고
돈이 많으니 빽이 생겨 관리할 게 많고
팽 당한 이들은 돈에 울고 빽에 울고
돈을 나눠 보면 돈도 즐겁고 빽도 즐겁고
그런 돈이란 과연 무엇인가

감내하기 어려워

神은 예쁜 이들을 어찌 빨리 데려가시나요.

神은 좋은 사람들을 어찌 빨리 데려가시나요.

神은 이웃에게 귀중한 분들을 어찌 빨리 데려가시나요.

神은 아름다운 씨앗 심는 분들을 어찌 빨리 데려가시나요.

神은 국가를 위해 참사랑하시는 분들을 어찌 빨리 데려가시나요.

神에게 감히 여쭈어 봅니다.

더더욱 어려운 일 직면할까 안타깝고 걱정되어 빨리 부르신 건가요.

하늘나라에서 더 큰일 하시라고 부르신 건가요.

神의 뜻이라면 기꺼이 따르리라.

완장

완장을 차면 사람의 품위가 달라진다
완장을 차지 않았을 때는 예상하지 못했고
그 깊이를 깨닫지 못한
세속적인 욕망으로 둔갑하기 때문이다.
富와 명예의 완장으로 변할까 두려워지고
되풀이 또다시 되풀이함을 많이들 알고 있다.
탐욕의 고지에 올라서고 채우고 싶고
내려오는 것은 보이지 않는 게 완장이어라.
그래도 완장을 차고 싶다면
필히 적격자가 차야 된다고 간곡하게 告하노라.

우주선

우주선을 타자
우주선을 타고 우주여행 가자
달나라에도 가고 화성에도 가 보자
견우와 직녀가 만났던 은하수에도 가 보자
우주 나라에 가서 지구촌 아름다운 이야기를
마음껏 전해 주자
지구촌은 하늘도 있고 바다도 있고 땅도 있다고
그들에게는 신비로울 거니까
되돌아오기 전에는 한 가지만 부탁하자
코로나19를 조심하라고 그들에게 전해 주자

여유

시간의 흐름 속에서 붉은 꽃을 피우기 위해
푸른 잎은 우거진다.
세월이 오고 가고 또 보내고 맞이하듯이
피할 수 없는 순리에서 우린 살아간다.
목숨을 걸고 촌각을 다투는 전쟁터에서도
총구에 내려앉은 잠자리를 바라보며
미소 지을 수 있는 여유가 있듯
세상은 동전의 양면과 같이
이 순간에도 신비롭고 기이한 일들이
서로서로에게 얼마나 많이 일어나고 또 일어나는가

광복 75주년에

왜놈들에게 짓밟히고 짓밟히고도 모자라
목숨까지 빼앗긴 75년이 지났지만
피 끓는 원한은
갈수록 분노에서 폭발의 기류로 이어져 간다.
그 누가 왜놈들을 인간이라 하는가
잊을 수도 없지만 잊어서도 아니 되는 우리의 원한
백골이 흙이 되고 그 흙이 바다를 메울지라도
언젠가 찬란한 무지개로 돌아오리라

문득

무더웠던 한여름 사람들은 소원을 빈다.

시원한 가을날을

이미 와 버린 가을이건만

세월은 화살같이 빠르다고 한다.

그 말을 한 사람의 성격이 화살 같겠지.

세월은 항상 그대로인데

내 마음도 그쪽으로 기울어진다.

숨결

내 고요한 숨결을 바람에 날려 보내고 싶지 않다.
바람이 어디로 가는지 알 수가 없으니
바람은 나에게 믿음을 주지 않기 때문이다.

2020년의 10월에 부치는 글

씨앗 심는 계절에
하늘님은 빗님을 보내 주시지 않고
도리어 산불이라는 불원한 선물을 받았어요.
씨앗이 영글어 갈 때
장마와 마이삭이란 험한 태풍 친구가
이 땅 위를 침수와 침몰로 덮는 바람에
사람들은 말없이 하늘만 쳐다보았어요.
참고 살아가고 싶었는데 견디고 감내했는데
그래도 하늘은 용기를 내 살아남으렴 하고 힘을 주셨나 봅니다.
남아 있는 이들에게 청명한 하늘이 보였기에
이래서 가을 하늘은 영혼으로 맺어진 티 없는 선물인가 봅니다.

고통의 축제

숨이 턱턱 막히는데
가파른 산길이 앞을 가린다.
곧 죽을 것 같은 느낌마저 든다.
훗날 설명조차 할 수 없을 만큼
큰 기쁨과 아름다운 추억으로 남을 줄
그때는 몰랐다.

이 길이 마지막 길이기를
바라면서 걸었던 길이었지만
반복되는 연속의 길로 변해 버렸다.
반추하고 싶지 않지만
그때는 그 길이 오직 걸어야만 했던 길이었다.

잊지 못할 선명한 그 길
지고의 길이었고 아름다운 길이었다.
지금도 그 길은 아름답다.

사랑

사람들은 사랑을
그때는 알 수가 없었죠 사랑
그래 / 지금은 알 수 있는가 사랑
그럼 / 앞날엔 알 수 있겠는가 사랑
그래서 / 세월 가도 알 수 없을 거야 사랑
진실한 사랑 무지개사랑
마음에서 마음으로 영혼에서 영혼으로
이어지고 난 뒤 솜털처럼 태어나겠지 사랑

석양(夕陽)

붉게 물든 석양의 길목에서 나의 눈을 멈추게 하네
섣달그믐 차디찬 바람 속 석양은 오늘따라 더디기만 하여라
어제도 그 길 오늘도 그 길이건만
어찌하여 물감을 부어 놓은 듯 하는가
석양이여 청춘의 이야기를 못다 하였는가
아니면 동행할 우객을 만나지 못하였는가
그러고 보니 석양은 그대로인데
석양에게 전하고 싶은 정겨운 말이 남아 있었네
내일이면 내 나이가 한 살 더 많아진다고-

아내에게

사랑 사랑 사랑
사랑하는 당신에게
사랑하는 당신이 짊어진 그 멍에 이젠 나에게 주오
열 마디 말보다 열 가지 행동보다
그 멍에를 내가 져야 당신을 바로 보겠소
이게 나의 진심이오
마음에서 솟아나는 진정한 진실이오
내 아내여 나의 아내 사랑하는 당신

호수

은빛으로 가득한 잔잔한 호수 위에 가슴으로 글을 올린다
마음속 깊은 곳에서 써 내려 가는데
그 무엇인가에 의해 파도에 휩쓸려 버린다
소리 없고 예고 없는 그 이름은 바람이었다
깊고 깊은 이 마음을 비참하게 무너뜨리면
난 또다시 정처 없이 어디로 가란 말인가
무언에서 무언으로 또다시 처음으로 돌아가리 돌아가리
은빛이 보내준 그 잔잔한 호숫가에서

그리움

노을이 잿빛으로 타려 하는 건 그리움 때문이네
날마다 그렇게 그렇게 했으면 좋겠네
그대를 처음 만나고 다시 만나고 하여도
노을이여 잿빛으로 타오르면 좋겠네
그렇게 반복이 이어지면 얼마나 맑은 영혼을 만들지!
잿빛으로 타오르는 노을 속으로 빠지고 싶네

바람불어

보이지도 않는 것이 사람을 힘들게 한다
고통을 주면서 가족과 이별도 하게 만든다
보이지도 않는 그 무엇이
사람을 죽음으로 몰고 간다.

보이지도 않으면서 더위 속에서 시원하게 만든다
기분을 상쾌하게 만들고 즐거움도 준다
보이지도 않는 그 무엇이
사람을 행복하게 만든다

누군가

오늘 느낌이 누군가 올 것 같다.
늘 일상대로 농장으로 향한다.
구름이 하늘을 덮어 버린 초여름
시원스럽다 하지만 쌀쌀하다.
바람 불어 옥수수의 기다란 잎으로
나의 눈이 쏠리며 교감이 깊어진다.
마루턱에 잠시 기대려니 하우스 지붕에서
빗방울 소리가 후두둑 후두둑
굵게 세차게 내린다.
아침에 누군가 올 것 같다고 했더니
이 빗님이 오늘 주인공이다.

주류와 비주류의 정의

역사 탐방은 주류와 비주류의 판독 학습장이 된다.

우선 주류란 어떤 줄기, 큰 흐름의 사회관계망, 운동, 종교, 사상 등 여러 지류에서 으뜸이 되는 중심축인 갈래라고 할 수 있다. 반대로 백성들의 요구를 받들어 세상을 변화하고자 하는 목적으로 생성되었지만 기득권층에 의하여 그 목적을 이루지 못한 자들을 비주류라고 하겠다.

기득권을 놓지 않고 나라를 망친 세력들이 우리나라의 주류라고 역사학자들은 말한다. 그러나 진정한 우리나라의 주류는 개혁을 목표로 참 삶을 위해서 불의에도 굽히지 않고 불꽃같은 한길을 살아온 이들이었으며 비록 역사 속으로 묻혔지만 그들이야말로 진정한 주류라고 나는 정의를 내린다.

지구촌의 불균형 질서는 수천 년 전부터 존재하였음은 주지의 사실이다. 지난 역사에는 지금의 눈으로 도저히 이해가 안 되는 것도 사실로 남아 있다. 정여립 사건 등에서 보았듯이 개혁을 외치는 본인은 물론 14촌간까지 무덤을 파헤치고 유골을 바람에 날려 흩어 버린 일들을 과연 현대에서 어떻게 받아들일 수 있는가? 심지어 이발(李潑)의 가문처럼 성씨까지 바꿔가며 살아오다가 270년 만에 원래의 성을 되찾는 이도 있다. 참으로 혹독하다.

변화를 부르짖으며 그토록 절절하게 살아갔지만 이득만을 좇는 역사의 이합집산이 계속되면서 뒤늦게 그 죽음이 고귀하고 자랑스럽게 여겨지게 된 그들을 우리는 역사의 주류 속 선각자라고 자리매김한다.

천하(天下)를 건지려는 큰 뜻을 품었지만 시세가 이롭지 못함으로 참화를 당하고 한(寒)을 머금고 떠나 버린 이들, 즉 시대와 기회가 회포를 이루지 못하였으니 그 원한이 남아 있다면 하늘에 넘칠 것이요, 세상이 사리(事理)를 알지 못하였다면 이제 다시 신원에서 시작하는 후천 개혁이 이루어질 것이라고 나는 정리하노라.

가을비

가을비 촉촉이 내리는데
앞뜰의 국화는 빗물 머금고 꽃망울을 이어가고 있네
다른 꽃들은 이미 피운 지 오래되어서 지고 있는데
국화는 계절도 모르고 이제야 꽃을 피우고자 준비하고 있으니
비 내리는 서늘한 이 아침 국화에게 마음 쓰이네
국화꽃이 피기도 전에 겨울이 냉큼 올까 봐

단풍

빨강 노랑 단풍잎을 만나고 싶어 그들을 찾아갔건만
어느새 낙엽 되어 뒹굴뒹굴 바람 따라 굴러가네
예년 같으면 아직 푸르름이 있었을 텐데
단풍아 넌 어찌 성급하게 세상을 접하였나
하기야 단풍 탓이 아니겠지 낙엽 탓도 아니겠지
지난번에 만날 적에 된서리가 하얗게 내리더니-

갈 사람 올 사람

갈 사람은 가더라 애원하며 붙잡아도 갈 사람은 가더라
갈 사람은 가더라 울고불고 하소연해도 갈 사람은 가더라
갈 사람은 가더라 옷자락을 감아 매도 갈 사람은 가더라
갈 사람은 가더라 금 은 보화 주어도 돈만 챙기고 가더라

올 사람은 오더라 오지 말라 부탁해도 올 사람은 오더라
올 사람은 오더라 미워 미워 미워 미워해도 올 사람은 오더라
올 사람은 오더라 염치코치 창피도 모르고 올 사람은 오더라
올 사람은 오더라 때와 장소도 모르고 올 사람은 오더라
올 사람은 오더라 간교한 웃음으로 올 사람은 오더라

천년을 살아 다오

아이들아 내가 기도할 테니 천년을 살아 다오
걷다가 지치고 힘들어도 다시 용기를 내거라
아이들아 내가 응원할 테니 천년을 살아 다오
힘들고 어려워 쓰러져도 다시 일어나 다오
아이들아 내가 박수칠 테니 천년을 살아 다오
상처 받아 자존심이 상해도 새롭게 시작해 다오
아이들아 내가 하늘 땅 기운 넣어 줄 테니 천년을 살아 다오
굶주림과 핍박 속에서 백년을 이겨 냈으니
아-아 백년은 짧아 백년은 아쉽고 너무 한스러워
아이들아 천년의 인생으로 살아가거라

이웃사촌

사촌이 논을 사면 박수하며 기쁘고
이웃이 논을 사도 두리둥실 얼싸안는다
어어야-어어야 나팔 불며 어깨춤 추고
우리 동네 온 동네가 축하 축하 축하로구나
너도 좋고 나도 좋고 우리 모두 좋아라 얼-쑤
나라 백성 모두 흥겨워 싱글벙글 싱글벙글이로구나

팔촌이 돈 잘 벌면 박수하며 기쁘고
우리 이웃 돈 잘 벌어도 두리둥실 얼싸안는다
어-야야 어-야야 나팔 불며 어깨춤 추고
우리 동네도 산너머 동네도 축하 축하 축하로구나
고을마다 방방곡곡 우리 모두 좋아라 얼-쑤
민주시민 모두 나와 싱글벙글 싱글벙글이로구나

삼천리 방방곡곡 아름답고 평화롭게
서로 돕고 사랑하며 둥글둥글 살아 보세
칠천 년을 하나같이 하늘 보고 살아왔는데
어쩌다 번개 소나기가 두 갈래로 가르려 하네
어디서 굴러 왔는가 그들은 잡초인생
국민들 백성들 속지 말고 지켜 나가세 우리는 대한민국 얼-쑤

재물(財物)이란

사용처에 따라서 증가하고

사용처가 불가하면 회수해 간다

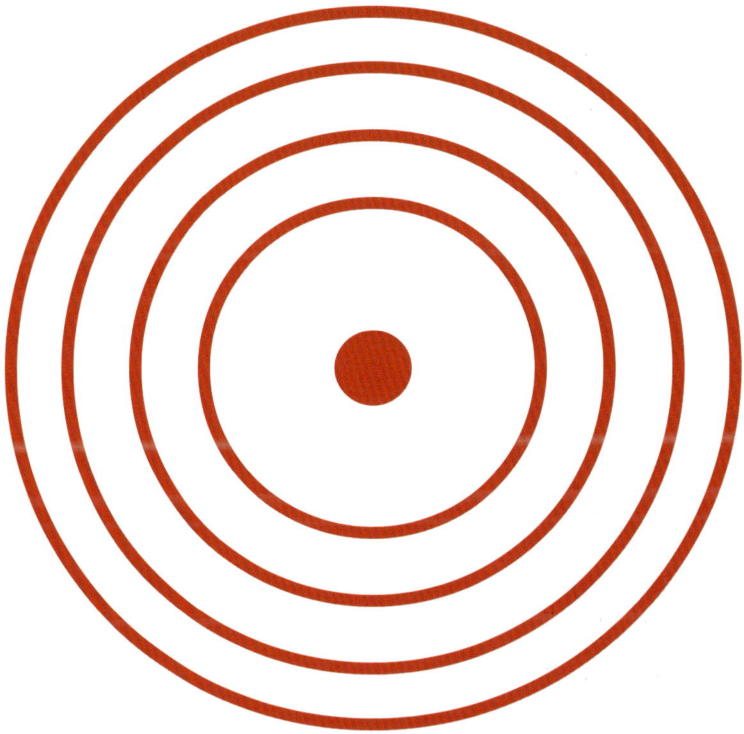

바람과 태풍

바람이란 무엇인가.

한여름 정자나무 아래로 불어오는 시원한 바람이 우리에게 얼마나 고마운지 느껴 보신 분이 많을 것이다. 땀을 뻘뻘 흘리면서 山 정상에 올랐을 때 불어주는 바람은 또한 얼마나 상쾌한가.

지금은 세탁기가 대신하지만 우리에게 세탁은 일상생활에서 가장 중요한 일 중 하나이며 빨래를 말릴 때 바람이 불어주면 속속들이 보송보송 잘 마른다. 이렇게 건조가 잘된 옷을 입을 때의 그 기분은 황홀하기까지 하다.

보이지도 않으면서 그렇다고 손에 잡히지도 않는 것이 바람이다. 형적도 없으면서 귀신같은 소리만 내는 것이 바람이다. 그렇게 알쏭달쏭한 것 같으면서도 우리에게 없어서는 안 되는 것이 바람이다. 우리는 이러한 바람을 어떻게 평가하는가? 세상 사람들이 자기 몸에 맞춰 옷을 입듯 바람도 우리와 동고동락을 어울려 해야만 진정한 우리의 바람이 아니겠는가.

그러나 바람이 온기와 한기를 빨아들여 과하게 자라나서 태풍이란 이름으로 자연을 파괴하고 인간의 생명과 재산까지 휩쓸어가는 현상을 무참히 바라보아야만 하는 인간은 아직도 미력하다.

사랑의 목석

옷자락을 만지작거리면서 내 사랑을 가져간 사람
목이 메어 들려 온 목소리 사랑하면 안 되느냐고
사랑이라면 목이 마른 나에게 사랑하면 안 되느냐고
아-아-아-아아 아 아 아 사랑하면 안 되느냐고
이제는 나도 당신을 사랑한다고 말을 해야지 하면서도
얼굴만 붉게 타면서 목석처럼 돌아서 버린 나
내가 왜 이런가 나는 어떡해 난 나는 어떡해 한숨만 쉬나

옷자락을 만지작거리면서 내 사랑을 가져간 사람
울먹이며 흐느끼는 목소리 사랑하면 안 되느냐고
사랑이라면 목이 마른 나에게 사랑하면 안 되느냐고
아-아-아-아아 아 아아 사랑하면 안 되느냐고
이제는 나도 당신을 사랑한다고 말을 해야지 하면서도
얼굴만 창백해지면서 목석처럼 돌아서 버린 나
내가 왜 이런가 나는 어떡해 난 나는 어떡해 한숨만 쉬나

혈구(穴口)

사람도 혈구가 있다.

지구 땅도 혈구가 있다.

왜놈의 장수가 조선나라 혈구에 혈침을 박았다.

365곳 혈구에 혈침을 박았다.

죽이려고 혈침을 박은 책임자는 전범으로 처형되고

아무것도 모르고 혈침 맞은 민족은 해방되도다.

그래서 야마시다 도모유끼 총사령관은

사형으로 이슬이 되다.

이제라도 월노에게 말하리, 속죄하라고.

하늘

오묘한 산 그림에 취하면서 하늘을 맞이한다.
고개를 높이 더 높이 젖혀 하늘을 바라본다.
눈에서 그려지고 그려지는데 하늘에선 그려지지 않는다.
지그시 눈을 감아 하늘에게 마음을 전하지만
하늘은 오늘따라 숨겨 버린다.

떠나면 돌아오겠지

지지배배 울어대는 저 새들도
언젠가는 떠나겠지
언젠가는 떠나갈 거야
밤하늘을 수놓은 저 별들도
언젠가는 떠나겠지
언젠가는 떠나갈 거야
세상에서 방황하는 저 인간도
언젠가는 떠나겠지
언젠가는 떠나갈 거야
날마다 타오르는 저 태양도
언젠가는 떠나겠지
언젠가는 떠나갈 거야
가을밤에 떠나간 저 기러기
언젠가는 돌아오겠지
언젠가는 돌아올 거야
칠월칠석 헤어진 견우직녀도
언젠가는 돌아오겠지

언젠가는 돌아올 거야
모질게도 돌아서 버린 그 님도
언젠가는 돌아오겠지
언젠가는 돌아올 거야
계수나무 방아 찧는 저 달님도
언젠가는 돌아오겠지
언젠가는 돌아올 거야

장군도

얼마나 당했을까 왜구에게
얼마나 고통스러웠을까 우리의 옛 조상
빼앗기고 위협받고 목숨 잃고
공포속의 한 많은 세월 여수 앞바다
피눈물 속에서 살아남기 위해서
바다 속 무인도에 수중석상 만들었으니
그 이름 이양장군이여
그때나 지금이나 왜구는 변함이 없네

짐 로저스(James Rogers) 로저스홀딩스 회장과의 만남

2020년 2월 9일 평창 알펜시아 컨벤션센터에서‘2018 평창 동계올림픽 2주년’포럼 강연을 마치고 내려오는 짐 로저스 회장과 만남을 가졌다.

저자가 짐 로저스 회장에게 전달한 내용

한국에 오신 것을 환영하고 기쁘게 생각합니다.

짐 로저스 회장님이 주장하신 세계 평화에 대한 기쁜 소식을 전해 드리고자 합니다.

2020. 2. 9. 평창동계올림픽 포럼에서 알펜시아 짐로저스와 기념촬영

세계인들이 깜짝 놀랄만한 대한민국의 남북 중간에 설치된 비무장지대(DMZ) 관련된 뉴스입니다.

2017년도에 대한민국 정부에 제가 제안한 인천 강화도에서 강원도 고성까지 일반시민들이 도보로 걸어갈 수 있는 DMZ 155마일 평화의 길이 2023년도에 개통할 예정입니다.

이는 남북 개방에 상징적인 선물이자 전 세계인들이 찾아가는 산티아고 길보다 더욱더 상징적인 길이며, 대한민국을 넘어서 세계평화의 길이 될 것입니다. 이 평화의 길은 짐 로저스 회장님이 평소 대한민국에 대한 관심을 가지고 염원하신 뜻이 이루어진 것이라고 생각합니다.

대한민국을 사랑해주셔서 감사하게 생각하며 소식을 전합니다.

짐 로저스 회장이 저자에게 전달한 내용

짐 로저스 회장님이 굉장히 기뻐하며 악수를 청해 주셨고 평화의 길이 성공적으로 이루어지면 세계적 투자자들이 한국에 많이 올 것이다 라며, 북한의 원산 미항 소개 및 흔쾌히 현장에서 바로 저자와 함께 기념 촬영을 했다.

울돌목 모습

평화순례길

대한민국은 지금도 비무장지대(DMZ)라는 군사분계선을 가운데 두고 민족끼리 대치중인 상태에서 평화를 외치고 있다.

전쟁과 평화는 무엇인가?

평화 속에서 살아가는 국민들은 전쟁을 치르지 않았기에 전쟁을 모른다.

피비린내와 칼과 총과 죽음밖에 없는 것이 곧 전쟁이다.

그럼 평화를 지키는 것은 무엇인가?

전쟁을 치르지 않고 평화를 지키는 것이 답이다.

DMZ 155마일을 어떻게 해결해야 하는가는 대한민국의 영원한 숙제이며, 전쟁을 치르지 않고 평화를 지키는 것이 최고의 병법이다.

평화를 획기적으로 지키는 방법은 휴전선 따라서 도보로 걷는 길이 최고의 병법으로 착안한 것이다.

세계인들이 찾아가는 산티아고 길보다 더 아름답고 평화로운 길이 DMZ 길이다. 세계인들이 우리의 땅 DMZ 길을 걷게 된다면 북한의 전쟁 준비는 차차 녹슬게 될 것이다.

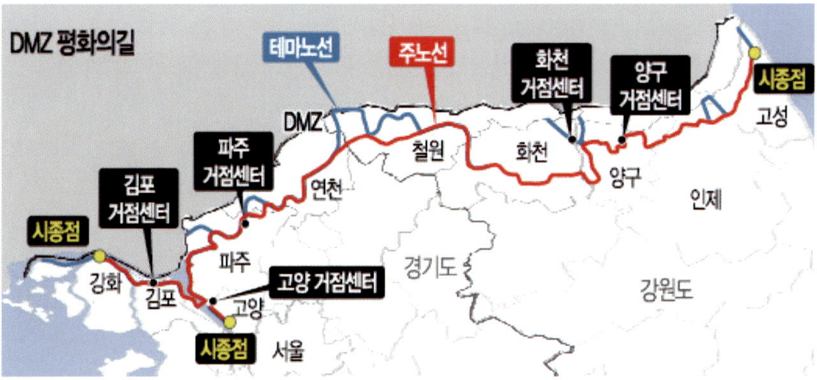

출처 : 강원도민일보제공

북한의 미사일 도발은 매년 되풀이되고 있다. 이를 해결하기 위해 저자 이승윤은 2017년 9월 인천 강화도에서 강원도 고성까지 사람이 도보로 걸을 수 있는 가칭 '평화순례길'을 만들자고 청와대 문재인 대통령에게 제안을 했다.

이 제안은 국방부, 행정안전부 및 국토부가 검토 끝에 채택 및 평화의 길로 최종 확정되어 현재 공사 중이며, 2023년경에 준공을 바라보고 있다.

평화의 길이 완공되면 그 동안 고립된 이 지역의 관광은 물론 지역개발, 교통발달, 농산물 판매까지 큰 발전으로 이어질 것으로 기대된다.

나의 시 詩

1판 1쇄 인쇄 | 2022년 11월 25일
1판 1쇄 발행 | 2022년 11월 30일

지은이 | 이 승 윤
발행인 | 김 미 애
펴낸곳 | 성균관출판부
디자인 | (주)척척미디어

등록번호 | 제302-1994-000026호
주소 | 08225 서울 구로구 중앙로3길 50 가동 305호
전화 | (02) 701-1856 팩스 | (02) 701-1857

가격 12,000원

ISBN 978-89-88338-61-2 03140